LE

PRINCIPE SOCIAL

NOUVEAU

PAR

P. P. JÆNGER,

DOCTEUR EN MÉDECINE.

1848

LE
PRINCIPE SOCIAL NOUVEAU.

La royauté est tombée ; engagée dans un système d'égoïsme dont les instruments étaient la violence, l'astuce, la corruption et le mensonge, elle a soulevé contre elle l'indignation de la France. Le peuple de Paris s'est de nouveau constitué le défenseur et le vengeur des libertés nationales ; dans un généreux élan d'enthousiasme et de dévouement il a renversé un gouvernement corrupteur et corrompu. La nation a repris sa spontanéité ; dégagée de tout lien oppresseur, elle veut se gouverner par des représentants librement élus. Elle donnera au monde un noble exemple d'ordre, de liberté et de justice. C'est là notre désir et notre espérance.

Dans ce moment critique d'évolution sociale, patriotes enthousiastes, réglez votre ardeur ; citoyens timorés relevez votre courage ; prenons tous l'espoir au cœur et le calme dans l'esprit. Une ère nouvelle est à fonder ; l'ordre ancien est renversé, l'ordre nouveau est à constituer ; dans ce monde social nouveau tous doivent prendre place ; à son édification le concours de tous est nécessaire.

Revenus d'un premier état d'étonnement, tournons avec sécurité nos regards vers l'avenir ; pour régler notre direction prenons pour guide le sentiment de charité sociale éclairé au flambeau de la raison. Cette boussole à la main, nous allons déterminer notre marche en étudiant cette double question :

Quel a été le principe de l'ordre ancien?

Quel doit être le principe de l'ordre nouveau?

Chacun pour soi! Cette formule de l'égoïsme a été le guide pratique dans l'ordre social qui vient de s'écrouler. L'humanité qui avait reçu, il y a dix-huit siècles, la révélation du sentiment de charité et de fraternité, ne s'est assimilé ce principe qu'en théorie ; la science a fait défaut aux conducteurs des peuples pour le traduire en réalité pratique. Le monde social se proclamant chrétien, par l'idée, est resté payen par le fait. L'égoïsme a continué à dominer les relations entre les individus et les nations. La lutte résultant du défaut de solidarité des intérêts a mis en scission les différentes classes de la société ; il en est résulté d'un côté, richesse et opulence, de l'autre indigence et misère. Des savans, au cœur desséché, prenant le fait existant pour absolue nécessité, l'ont consacré par ce dogme brutal et inhumain : *il faut beaucoup de pauvres pour qu'il y ait quelques riches ;* traduction en langage d'économiste du dogme payen sur la double nature de l'homme, *la nature libre et la nature esclave.* A l'aide de cette doctrine, l'égoïsme est devenu l'évangile social; la gangrène morale a fait de rapides progrès; les sommités sociales en ont été atteintes; et, danger plus grave! l'infection menaçait de toucher au cœur une jeunesse ardente et généreuse.

Dans une civilisation avancée, un principe quelconque marche rapidement à ses conséquences. Dans la sphère gouvernementale Louis-Philippe s'est fait l'incarnation du principe de l'égoïsme; Guizot s'en est constitué le logicien inflexible; il l'a conduit à ses dernières conséquences avec une vitesse proportionnelle à son talent et à son audace. Le principe s'est abîmé dans la révolution du mépris que lui a suscitée la probité sociale réfugiée au cœur du peuple.

Dans la sphère économique le « *chacun pour soi* » a fait des ravages non moins profonds en mettant l'antagonisme dans les forces de production; la lutte existe sur tous les points de l'arène du travail; lutte entre le pouvoir et la production agricole et industrielle; lutte entre l'agriculture et l'industrie; lutte entre les différentes industries et les ateliers d'industrie similaire; lutte entre le maître et l'ouvrier, le capital et le travail; partout divergence, guerre de concurrence et d'astuce. Aux points extrêmes la société présente deux classes hostiles qui sont poussées fatalement à des injustices réciproques. Le maître, quelles que soient les impulsions d'un cœur généreux, se trouvant harcelé par la concurrence, est forcé par nécessité de conservation de maintenir la condition dure à l'ouvrier. La classe indigente, aigrie par les privations et les fatigues d'un travail peu fructueux, se porte à une réaction qui dépasse les limites de la justice en niant la légitimité de la propriété; l'idée du communisme est sortie du délire de la misère. A ces signes, qui pourrait méconnaître que la société est ébranlée dans sa base ?

C'est le « *chacun pour soi* » qui nous a conduits à cette triste extrémité. Le principe de l'égoïsme est jugé par ses conséquences; le salut de la société exige qu'il disparaisse avec l'antagonisme des forces de production et la misère, ses deux effets immédiats. Les faits forcent à reconnaître que la révolution qui s'accomplit est à la fois et politique et sociale ; acceptons cette vérité avec résolution et courage; c'est la première condition pour donner au riche quelque sécurité, au pauvre le calme de l'espérance. Dans un grand danger le pire des moyens c'est de le nier; voyons le mal dans sa cause : la lutte et la divergence des intérêts ont gangréné la société par l'égoïsme, osons conclure que la société a besoin de se constituer sur un principe organique nouveau.

Quel est ce principe ?

Mais d'abord dégageons la question d'une erreur. Nous avons démontré la malfaisance du principe de l'égoïsme. Jusqu'ici les hommes qui ont cherché le remède au mal ont dit: l'opposé de l'égoïsme c'est le dévouement, proclamons le dévouement comme base de l'ordre social. Erreur de cœurs généreux ! l'égoïsme exige le sacrifice violent, le dévouement porte au sacrifice volontaire ; mais d'un côté l'homme se révolte contre l'oppression, de l'autre tous les hommes ne peuvent se dévouer, et le même homme ne se dévoue pas toujours. Le sacrifice soit forcé, soit volontaire, ne peut donc servir de base stable à l'organisation sociale ; ce ne sont que deux états violents et temporaires qui témoignent de l'imperfection de l'ordre social ; l'un n'est pas le remède à la malfaisance de l'autre ; l'opposé de l'égoïsme, le remède à ses excès, c'est la *solidarité*.

La Solidarité est l'expression sociale du principe de charité chrétienne ; ce principe commande le respect de tous les droits naturels de l'homme, et de tout homme, il proclame leur accord dans une unité générale. Comme bases de sociabilité il veut l'ordre et la liberté équilibrés par la justice. Son moyen de réalisation est l'association, qui appelle à l'activité et au libre développement les forces individuelles et inégales de nature, et les rattache à un centre qui les règle et les vivifie. L'association organisée établit ainsi l'accord des diversités dans l'unité ; elle seule a puissance de réaliser un état social où tous, solidairement liés, sont appelés à des fonctions corrélatives aux aptitudes diverses, où tous participent au bien-être, mais dans des proportions inégales et graduées.

Faisons l'application de ces principes.

Un ordre social n'a chance de vie et de stabilité qu'à la condition de respecter et de satisfaire les droits primordiaux de la nature humaine. Tous ces droits se résument en un seul : LE DROIT DE VIVRE ; vivre par le corps, vivre par la pensée, vivre par le cœur. La société a charge de garantir à tout homme l'exercice de ces trois ordres de droits

Dans la sphère matérielle l'homme ne peut vivre avec honneur et dignité que par le produit de son travail. La reconnaissance du droit au travail est donc de justice absolue, et nous ajoutons, dans les circonstances sociales présentes, d'urgente nécessité. Si l'exercice du travail est un droit, la propriété des produits du travail l'est également. Ce droit de propriété s'étend aux applications que l'homme fait de ces produits, qu'ils soient réalisés en jouissances, ou convertis en nouveaux instruments de production pour augmenter la richesse sociale. Ce droit légitime toute extension, par voie de probité, de la richesse individuelle.

Le droit de propriété est sacré au même titre que le droit au travail, l'un est la conséquence de l'autre; le travail donne les moyens de vivre, la propriété est l'épargne faite sur les moyens de vivre, conquis par le travail. S'ils sont de même origine, ils se doivent réciproquement un titre de légitimité.

Aujourd'hui cependant ils sont en hostilité, le droit de propriété armé de la puissance du capital opprime le droit au travail; celui-ci répond en niant la légitimité de la propriété; il y a injustice réciproque. La science a élucidé le problème de conciliation en démontrant la possibilité d'harmoniser l'exercice de ces droits, en les associant dans l'exploitation en grand de la propriété socialisée. Cette combinaison économique donnant une augmentation de produits, il y a possibilité, et d'améliorer le sort du travailleur, et d'augmenter la part du capital.

Après la vie du corps, la vie de l'esprit. La pensée est l'instrument que le Créateur a donné à l'homme par privilége, pour étendre sa domination sur le globe et y faire acte de royauté. Par cette faculté l'homme s'élevant à la science, s'initie aux plans du Créateur sur la création et prend la haute fonction d'ingénieur et de coopérateur de Dieu dans le domaine des choses créées. La liberté de la pensée constitue pour l'homme un droit de haute souveraineté; la société doit lui en garantir l'exercice illimité dans le domaine de la science et de l'art.

La vie du cœur, multiple dans ses aspirations, se présente à sa plus haute manifestation dans le sentiment religieux. Respect absolu pour ce sentiment! C'est le signe de haute noblesse dont le Créateur a marqué l'humanité; c'est pour l'homme son titre de parenté divine. Respect pour tous les cultes! Ils sont les modes variés dont le sentiment religieux répond à l'appel divin, ils sont la glorification légitime du Créateur par la créature. Si les dogmes religieux divisent encore les hommes, si les cultes sont divers, faisons des vœux pour que la science divine se perfectionne et formule le dogme en vérités limpides qui aient puissance de rallier les intelligences. Que le clergé veuille comprendre l'importance de cette haute mission; qu'il prélude à son œuvre en se dégageant des liens imposés par le despotisme dynastique, et que par voie d'élection entre pairs, il mette à sa tête des hommes à charité ardente et à intelligence élevée.

Ces droits établis, ils doivent recevoir satisfaction dans un mécanisme social régulier. Quelles sont les conditions de ce mécanisme ?

Ordre, *liberté*, *justice*, telles sont les trois bases constitutives de toute organisation régulière.

Le principe d'ordre ou d'unité résume en lui les forces diverses et inégales qui forment le corps social ; il est le foyer de la vie où tout besoin et toute activité convergent ; il est le centre d'irradiation qui porte l'animation dans tous les organes et en ordonne l'action. Pour fonctionner régulièrement, le principe d'unité doit avoir sous sa dépendance immédiate toutes les institutions, opérations et entreprises d'intérêt général ; elles doivent constituer le faisceau hiérarchique des fonctions publiques, qui rattachent les individualités sociales, les communes, au centre social, le pouvoir unitaire. Ces fonctions touchant aux intérêts de tous, sont nécessairement du domaine du principe qui représente les intérêts de tous. Dès que le pouvoir aliène ces fonctions au profit d'individualités particulières, il fait fausse route, il abdique partiellement, en laissant surgir à ses côtés des pouvoirs rivaux et égoïstes qui tôt ou tard jetteront la perturbation dans le mécanisme social. C'est sous ce point de vue déjà que nous jugeons conformes aux attributions du principe d'ordre l'organisation de la justice, de l'armée, de la régie postale, des ponts et chaussées, des eaux et forêts, etc., et que nous croyons ces attributions lésées par l'abandon des chemins de fer, des canaux, des assurances, de la banque, etc., au profit de particuliers ou de sociétés actionnaires.

Dans l'appréciation du principe d'unité il faut distinguer la fonction et l'instrument qui est chargé de la remplir. Dans l'ordre social qui vient de se dissoudre, le principe d'unité avait pour instrument la monarchie. La monarchie a forfait à sa mission, elle a souillé le principe d'unité par l'égoïsme dynastique accouplé avec l'égoïsme du coffre-fort. La monarchie a disparu dans l'ouragan national ; le principe d'unité s'est élevé dans des régions plus pures ; il s'est confié à l'amour sacré de la patrie ; la République lui donne pour organe nouveau la représentation nationale. L'élément monarchique est frappé de mort ; bien insensé qui voudrait tenter de le rétablir ; on ne relève pas un cadavre exécuté sous le mépris national, pour cause de trahison.

Avec le principe d'ordre et d'unité coexiste le principe de liberté, de diversité.

Autour du centre social se groupent, ralliés à lui, les éléments sociaux, les communes ; la commune a sa vie spéciale, c'est l'atelier du travail libre, indépendant, diversifié ; il importe au bonheur général, non seulement que le centre social fonctionne régulièrement, mais aussi que la commune soit constituée en vue de la prospérité de tous ses membres ; car c'est dans la commune que l'homme naît, vit et se développe ; c'est là que s'accomplissent ses destinées, qu'il jouit du bien-être ou gémit dans l'infortune ; c'est là qu'aujourd'hui est la misère, l'ennemi mortel de tout ordre social ; c'est là qu'il s'agit d'organiser le bien-être, seule garantie d'un ordre durable.

Pour qu'une commune soit prospère, elle doit organiser la production de la manière la plus fructueuse. Toute production nécessite le concours du capital ; celui-ci, doit être fécondé par le travail, et l'action du travail sur le capital a besoin d'être dirigée avec talent. Les éléments de production sont donc : le *capital*, le *travail* et le *talent*. Le problème de l'organisation de la production consiste à associer, à relier dans une action solidaire, ces trois facteurs. Le produit obtenu doit être réparti selon les régles de la justice. Cette répartition se fera entre les trois éléments producteurs dans la proportion du concours que chacun aura apporté à la production. La richesse produite est destinée à la consommation. Libre à chacun de consommer selon ses besoins et la mesure de ses moyens ; mais il est de l'intérêt de tous que la consommation soit réglée avec économie, qu'avec la moindre dépense l'on obtienne la plus grande somme de jouissances. Ainsi action unitaire dans la production, justice dans la répartition, liberté et économie dans la consommation, tels sont les trois éléments que comprend le problème de l'organisation de l'atelier communal. L'organisation actuelle de la commune est loin de satisfaire à ces principes ; elle présente l'incohérence dans la production, l'arbitraire dans la répartition et l'impéritie dans la consommation. C'est dans l'atelier communal que les réformes sont de pressante nécessité ; mais n'oublions pas que dans le corps social, la commune représente l'élément individuel, l'élément d'indépendance et de liberté. Les réformes du mécanisme communal ne doivent donc pas être imposées, mais librement acceptées. Des intérêts trop nombreux et trop importants sont engagés dans la commune pour qu'elle se livre aux capricieuses éventualités de l'esprit de système. Non! la commune ne voudra et ne devra transformer son mécanisme économique, tout vicieux qu'il est, qu'à bon escient. Préalablement l'État devra faire appel à toutes les doctrines de réforme sociale, les engager à produire leurs plans pour être soumis à une vérification pratique dans une épreuve limitée à une commune. C'est le procédé que suit la science et qu'indique la prudence. Une découverte quelconque ne doit être proposée à l'acceptation qu'après le jugement de l'expérience.

L'élément justice doit intervenir comme régulateur dans le mouvement social. C'est lui qui règle la réciprocité d'action qui existe entre les membres de la société, les communes, et le foyer social, le gouvernement. Il existe entre ces deux termes une échelle graduée de fonctions publiques qui établissent la circulation de la vie, du centre vers les extrémités, et de celles-ci en retour vers le centre, lui font connaître leurs besoins respectifs en même temps qu'ils lui donnent force et vigueur par l'apport de leur contribution matérielle.

L'influence régulatrice de l'élément justice doit également présider à la vie communale; elle met l'accord entre les éléments de la production, assigne son rôle et son importace à chacun, et les rétribue, chacun proportionnellement à sa coopération.

Il n'entre pas dans le plan de cet aperçu rapide de tracer le programme détaillé des réformes à exécuter. Je me borne à constater qu'il y a une organisation entière à élaborer, pour arriver à établir des rapports sociaux conformes à l'ordre, à la liberté et à la justice; c'est là le but définitif à atteindre. Mais l'on ne passe pas de la confusion à l'ordre, d'un jour à l'autre et sans moyens de transition. Il y a nécessité d'opérer des réformes progressives qui établissent le passage vers un ordre plus parfait. Ces réformes doivent être élaborées, non avec un esprit d'arbitraire et de routine, mais étudiées et exécutées avec toute la rigueur et toute la prudence des méthodes scientifiques. Une carrière nouvelle est ouverte aux investigations; que tous ceux qui se sentent la vocation prennent part à ces études, aujourd'hui d'une si haute importance; tout effort en ce genre, quelque faible qu'il soit, peut avoir de la valeur; c'est à ce titre, que dans une publication prochaine, je me permettrai de faire quelques études sur des questions spéciales.

En résumant ces vues organiques, j'établis que le principe de l'ordre à constituer est renfermé tout entier dans le sentiment de CHARITÉ CHRÉTIENNE, qui substitue la *solidarité* à *l'égoïsme*, qui met le *nous* au-dessus du *moi*, qui dans la prière divine fait dire *notre père* et non *mon père*. Ce principe associe les hommes, à l'opposé de l'égoïsme, qui les divise et les met en hostilité. Son moyen pratique est l'association bien organisée qui veut *l'ordre vivifiant, la liberté reglée, et la justice distributive*. C'est sur cette triple base que l'ordre social nouveau doit se constituer ; ce sont ces principes qui doivent être le guide pour créer ou modifier les institutions , et la pierre de touche pour en juger la portée et en apprécier la valeur. Si la révolution les adopte et les applique, elle basera sur un fondement inébranlable, je ne dis pas la meilleure des Républiques, mais la vraie République.

J'écris ces lignes avec une profonde conviction et je dis toute ma pensée. La société européenne est arrivée à un moment critique et solennel ; elle a créé laborieusement les sciences, les arts, l'agriculture perfectionnée, la grande industrie, les voies de communication rapide ; elle possède tous les instruments du bonheur ; mais elle n'a pas réalisé le bonheur. Au sein de l'opulence elle a engendré le paupérisme, elle a surexcité les appetits égoïstes, qui aujourd'hui comme hier appellent la curée dans l'antichambre du pouvoir. Si la société ne s'élève pas à un ordre supérieur qui organise l'activité et solidarise les intérêts , la démoralisation continuera à marcher à pas rapides ; le terrain social sera volcanisé ; et la distance qui sépare le riche du pauvre se creusera en gouffre, menaçant d'engloutir la société. Je ne tire pas l'horoscope, mais il est permis de profiter des enseignements de l'histoire. Vous connaissez le sort des civilisations anciennes ; vous savez l'histoire de leur grandeur et de leur décadence. Nous avons eu notre période de grandeur ; puissions-nous, Dieu et le génie de l'homme aidant, éviter les douleurs et les convulsions de la décadence !